LE
CHEVALIER FRANÇAIS
A LONDRES,
COMÉDIE
EN TROIS ACTES ET EN VERS,

Représentée par les Comédiens François, à la fin de Novembre 1778.

Par M. DORAT.

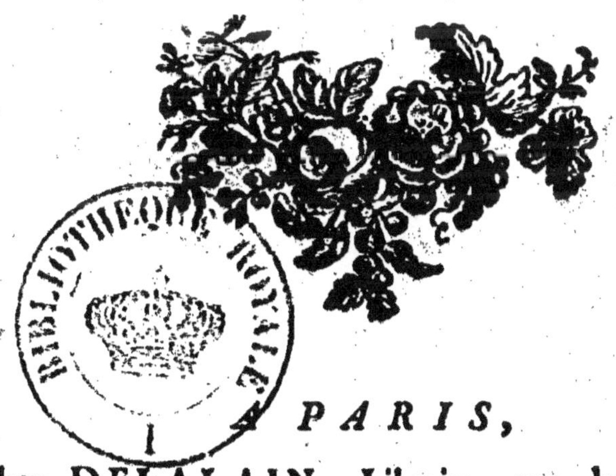

A PARIS,

Chez DELALAIN, Libraire, rue de l'ancienne Comédie Françoise.

M. DCC. LXXIX.

Avec Approbation & Permission.

J'AI conservé dans cette Piece le rôle d'Arlington; il me semble qu'il y jette de la variété, en développant davantage le caractere de Rochester; d'ailleurs c'est un Rival de plus que je donne au Chevalier. Plus ce dernier a de motifs d'inquiétude & d'impatience, plus le but de l'Ouvrage est rempli. Toutes ces nuances échappent dans l'effervescence d'un premier jugement. Les Lecteurs plus tranquilles les apperçoivent mieux; c'est à eux que j'en appelle. J'ai fait aussi quelques changemens dans la derniere Scene du second Acte, entre Miss & le Chevalier.

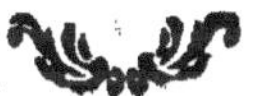

PERSONNAGES.	*ACTEURS.*
LE CHEVALIER.	M. Molé.
Le Lord ARLINGTON.	M. Préville.
Le Lord ROCHESTER.	M. Monvel, *ensuite* M. Fleuri.
MISS ADELSON.	Mlle. Doligni.
LADI HALIFAX, *sous le nom de* LADI STÉELE.	Mlle. Fanier.
BRINON, *Factotum du Chevalier.*	M. d'Azincourt.
Un autre Valet, *Personnage muet.*	

La Scene est à Londres, dans la Maison du Viceroi d'Irlande.

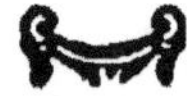

LE CHEVALIER FRANÇAIS A LONDRES, *COMÉDIE.*

ACTE PREMIER.

SCENE PREMIERE.

LE CHEVALIER, BRINON.

LE CHEVALIER.

VIENS donc.

BRINON, (*avec humeur.*)

Dans le sallon du Viceroi d'Irlande ?..

LE CHEVALIER.

Mons Brinon, je vous tiens. Bref; il faut qu'on m'entende.

BRINON.

Entendez-moi vous-même, & daignez pardonner
Au droit que j'eus jadis de vous moriginer,
Les observations...

LE CHEVALIER.

Observe au moins très-vîte.

BRINON.

Vous me scandalisez avec votre conduite.
Depuis deux ans à Londre, avec de beaux projets,
D'Ormond le Viceroi chez lui vous loge exprès...

LE CHEVALIER, (*l'interrompant.*)

Sa maison me plaît fort. Adelson, sa parente,
Fait si bien les honneurs, elle est si séduisante!

BRINON.

Enfin, vous voilà pris! Après tous vos succès,
Une Angloise, morbleu, fait damner un Français!
Les femmes sont, Monsieur, par le Ciel protégées;
Voilà qu'on vous désole, & les voilà vengées.

LE CHEVALIER.

Vous m'impatientez, je vous en avertis:
Çà, vos gaîtés à part, appliquez vos esprits.

BRINON.

Hé bien, où voulez-vous en venir?

LE CHEVALIER.

Je m'explique:
Que tout soit, pour ce soir, brillant & magnifique.

BRINON.

Oui, mais pour tout cela, moi, j'ai besoin d'argent.

LE CHEVALIER.

Soyez très-attentif, soyez très-diligent,
Et prodigue, il le faut.

BRINON.

De l'argent.

LE CHEVALIER.

Le temps presse.
Chant, spectacle, artifice, & jeux d toute espece.

BRINON.

De l'argent...

LE CHEVALIER.

Ah! parbleu, ces tons-là sont nouveaux.
Voilà, Monsieur Brinon, de fort mauvais propos.

BRINON.

Rochester dit par-tout que, ces trois nuits dernieres,
Vous avez, en jouant, abîmé vos affaires;
Que vous êtes à sec. Ces rumeurs, j'en réponds,
Vont causer de l'ombrage à nos donneurs de fonds.

LE CHEVALIER.

Il ne sait ce qu'il dit.

BRINON.

Le bruit se communique.
Franchement, ce Milord est diablement caustique.
Je ne suis pas surpris que l'ordre de la Cour
Enferme tous les mois son esprit dans la tour.
Il vous peint tous d'un air qui ne vous fait pas rire;

Et de nous à préſent, comme il s'en va médire!
Car Miſs lui conviendroit.

LE CHEVALIER.

J'en ai toujours douté;
Il s'attache à ſes pas par contrariété.
Il croit m'inquiéter en ſe fixant près d'elle.
N'a-t-il pas feint déjà d'être amoureux de Stéele?
Il voit mes ſoins pour Miſs, il vient ſe propoſer;
Et, ſans amour pour elle, il voudroit l'épouſer!

BRINON.

Et c'eſt ce qu'il fera. Ciel! Rocheſter lui-même!
Je décampe.

LE CHEVALIER.

Songez...

BRINON.

Ma frayeur eſt extrême.
Chut!.. s'il alloit, Monſieur, me prendre en grippe?

LE CHEVALIER, (*en riant.*)

Eh! non.
Soyez sûr que Milord épargnera Brinon.

(*Le Chevalier court après Brinon, & lui donne encore quelques ordres au fond du Théâtre.*)

SCENE II.

ROCHESTER, LE CHEVALIER.

ROCHESTER.

(*à part.*)

Il faut qu'absolument des deux j'en épouse une.
Vexons le Chevalier, & troublons sa fortune.
Je veux, si je le puis, le jouer à son tour.
J'ai ce caprice en tête... en attendant l'amour.

(*appercevant le Chevalier.*)

C'est vous que je cherchois.

LE CHEVALIER.

J'en suis vraiment fort aise.

(*à part.*)

Forçons-le à s'expliquer.

ROCHESTER.

Quelque chose vous pese :
De vos malheurs au jeu vous n'êtes pas remis ;
Aussi vous faites plus qu'il ne vous est permis.
Eh ! qu'en arrive-t-il ? beaucoup d'inquiétude ;
On finit par l'humeur, & par la solitude.

LE CHEVALIER.

Je veux être & je suis comme il me semble bon.

(*en riant.*)

Gagnez-moi mon argent, mais quittez votre ton.

ROCHESTER.

Sais-je si jusques-là je pourrai me contraindre?

LE CHEVALIER.

De vous, si je voulois, j'aurois fort à me plaindre.

ROCHESTER.

De moi! par quel motif?

LE CHEVALIER.

Sans en être amoureux,
Vous poursuivez, dit-on, l'objet à qui j'en veux?

ROCHESTER.

Chevalier, l'apostrophe est un tant soit peu vive.
Eh! quel objet encor dit-on que je poursuive?
Seroit-ce la Stuard, si naïve en ses mœurs,
Qui, d'un air enfantin, fait si bien des noirceurs?
C'est peut-être la Blarck, au graces minaudieres,
A l'œil tendre & voilé sous ses longues paupieres,
Qui, servant à couvrir des regards très-parlans,
Semblent s'humilier devant ses dix Amans;
Ou Castelmaine enfin, qui, toujours plus hardie,
Se donne, à cinquante ans, les airs d'une étourdie,
Et ne distingue pas, tant son œil est distrait,
Le visage qu'elle a de celui qu'elle avoit.

LE CHEVALIER.

Eh! non; mais Adelson.

ROCHESTER, (*observant le Chevalier.*)

Oh!.. je cede & j'admire;
Elle seule pouvoit désarmer la satyre.
Sa grace...

LE CHEVALIER, (*l'interrompant.*)

Eh! dites donc qu'elle a mille vertus;
Qu'en l'adorant, Monsieur, on l'estime encor plus;
Qu'en elle on voit briller cette heureuse saillie,
Cet enjouement que j'aime & qui me contrarie;
Qu'elle touche à cet âge où l'on s'apperçoit mieux
Qu'on a pour quelque chose un sourire & des yeux,
Et que l'esprit enfin le plus fait pour séduire,
Envieroit chaque mot que le cœur lui fait dire.

ROCHESTER.

J'en conviens avec vous; oui, vous avez raison:
Aussi pensai-je à Miss, qui ne m'a pas dit non.
Le Viceroi consent; Miss est jeune, elle est belle;
Par l'attrait du plaisir, la Cour iroit chez elle;
Et, grace à son crédit, m'assurant du repos,
Je pourrois m'égayer sur mille originaux!..
Par exemple, quel mal de faire un peu justice
D'un Arlington sur-tout, qui, né pour mon supplice,
Sous le grave appareil d'un silence apprêté,
Enferme ses projets moins que sa nullité;
D'un Duc de Buckingham, qui, ne pensant qu'à peine,
Fait des contes le soir pour endormir la Reine;
De tant de Courtisans, tant de Lords désœuvrés,
Ivres de politique, ou d'ennui dévorés?
L'ambition, le jeu, même une autre espérance,
En leur cachant le piége, aideroient ma vengeance.
D'eux-mêmes ils viendroient se livrer à mes traits:
Je les peindrois bien mieux, les voyant de plus près;

Et, comme nos Seigneurs ont une fort bonne ame,
Ils me pardonneroient en faveur de ma femme.

LE CHEVALIER.

Oh ! treve, s'il vous plaît à des vœux si brillans.
Je ne suis pas tenté d'applaudir à vos plans.
L'aveu du Viceroi ne vous servira guere,
Et Miss fera le choix qu'il lui plaira de faire.
Maîtresse de ses biens, elle l'est de son cœur,
Et vos prétentions redoublent mon ardeur.

ROCHESTER.

Vous épouseriez ? Vous !

LE CHEVALIER.

Oui, Monsieur, oui, moi-même.
Par cette extrémité, jugez si mon cœur aime !
Je veux pour Adelson, qui vaut tout à mes yeux,
Me présenter enfin sur un pied sérieux,
Soupirer, comme un autre, une fois en ma vie.

ROCHESTER.

L'effort est violent... & cette jeune amie
Qu'elle vient d'amener ?.. Les bruits m'avoient trompé,
D'elle je vous croyois maintenant occupé.
L'hymen dût-il s'ensuivre, elle est digne qu'on l'aime,
C'étoit un choix sensé : j'avois arrangé même
Que Stéele avoit sur vous quelques tendres desseins,
Et par bon procédé j'abandonnois les miens.

LE CHEVALIER, (*d'un ton vif & piqué.*)

Par procédé ?.. Je suis touché d'un si beau zele ;
Il est très-franc sur-tout.

SCENE III.

MISS ADELSON, LES MÊMES.

MISS, (*accourant.*)

(*à Rochester.*)

Vous n'avez point vu Stéele?

(*au Chevalier.*)

Quelle humeur est la vôtre ?

ROCHESTER.

Il a l'esprit troublé ;

Je voulois le calmer, & je l'ai désolé.

MISS.

D'Ormond auroit, Milord, quelque chose à vous dire.

ROCHESTER.

Dans son ame, en ce cas, sans moi vous pourrez lire.
Je vais trouver d'Ormond, pour obtenir de lui
Qu'il daigne en ma faveur vous parler aujourd'hui.

(*Il sort.*)

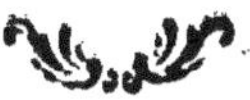

SCENE IV.

MISS ADELSON, LE CHEVALIER.

MISS, (*avec enjouement & légereté.*)

LA conversation étoit bien animée.
L'esprit de Rochester passe sa renommée :
Il est de bon conseil, & vous feriez très-bien...

LE CHEVALIER.

Je le dispense, moi, de me conseiller rien.

MISS.

Que disoit-il ?

LE CHEVALIER.

Souffrez...

MISS.

A propos, quand j'y pense,
Est-ce que j'ai des droits à votre confidence ?
Il faut être prudent. Gardez tous vos secrets ;
A peine auriez-vous dit, que moi je redirois,
Par gaîté, par oubli, peut-être par malice.
Vive la défiance.

LE CHEVALIER.

Allons... autre injustice!..
Eh bien! Madame, eh bien! Rochester me disoit
Qu'il vous trouve charmante, & qu'il vous épousoit.
Le Viceroi consent.

MISS.

Heureuse découverte !

LE CHEVALIER.

Oui, ce cruel parent conspire aussi ma perte.

MISS.

Songez...

LE CHEVALIER.

Quand tout m'accable, au moins permettez-vous
Que je sois à mon gré furieux & jaloux ?

MISS.

Oh ! de vous tourmenter vous êtes fort le maître.

LE CHEVALIER.

Quoi ! vous épouseriez ce froid Milord ?

MISS.

Peut-être.

LE CHEVALIER.

Peut-être est rassurant.

MISS.

Moi, j'aime Rochester.

LE CHEVALIER.

Oh ! puisqu'il me déplaît, il doit vous être cher.

MISS.

Comment ? en doutiez-vous ?

LE CHEVALIER.

Eh ! non, non, tout m'éclaire.
Courage ! abusez bien d'un amour trop sincere.
Pour la premiere fois que je m'étois fixé,
Mon cœur de tous ses soins est bien récompensé !

Les femmes! c'en est fait, perdant jusqu'à mes doutes,
A votre intention, je les trahirai toutes.

MISS.

Le projet est galant!

LE CHEVALIER.

Vous l'approuvez?

MISS.

Qui? Moi?
Est-ce que je prétends vous imposer la loi?
De l'essor, Chevalier, reprenez vos caprices,
Vos airs déterminés, vos heureux artifices.

LE CHEVALIER, (*avec impatience.*)

Vous avez donc un cœur qu'on ne peut désarmer;
Vous avez donc un cœur incapable d'aimer?
Les transports de l'amour, ou sa délicatesse,
Vous n'appercevez rien, rien ne vous intéresse:
Indifférente ou folle, on vous voit exceller
Dans le talent de plaire, & l'art de désoler.
C'est moi qui tourmentois, & c'est moi qu'on tourmente.
Votre ame est libre: eh bien! la mienne est dépendante.
Je l'entends toujours dire, & vous m'y confirmez,
Ce sont les plus trompeurs qui sont les plus aimés.

MISS.

A ce titre, je crois que vous devriez l'être.

LE CHEVALIER.

Vous m'avez converti, je m'en repens peut-être.
Enfin le mal est fait, félicitez-vous bien.

Vous ſacrifier tout, ne réuſſir à rien,
C'eſt ma vocation : riez... elle eſt nouvelle.

MISS.

La fête de ce ſoir, il faut qu'elle ſoit belle ;
Je ne puis m'empêcher de ſonger à cela,
Et le jour, ce me ſemble, eſt bien long d'ici là.

LE CHEVALIER.

Miſs, inſenſible Miſs, daignerez-vous m'entendre?
Sérieuſe une fois, voudrez-vous bien comprendre
Qu'en vous idolâtrant, mon cœur eſt ſans détour,
Que je meurs à vos pieds de dépit & d'amour ;
Que j'ai des mœurs enfin ! car tel eſt votre ouvrage,
Que je ſuis bien ſurpris de me trouver ſi ſage ;
Que je ne puis ſouffrir votre ſécurité,
Ce ſourire odieux... dont je ſuis enchanté,
Et que votre ſecret d'être toujours aimable,
Eſt un maudit ſecret qui m'eſt inſupportable.
Dans le trouble où je ſuis, dans les ſoucis que j'ai,
Donnez-moi de l'eſpoir, ou du moins mon congé.

MISS.

Ni l'un, ni l'autre.

LE CHEVALIER.

(*en riant.*)

Eh bien !.. que vous êtes cruelle !
Le moyen qu'avec vous on ne ſoit pas fidele !..

MISS.

Ce malheur...

LE CHEVALIER.

Durera, car il peut me venger ;
Et je ſerai conſtant...

MISS, (*très-gaîment.*)

Pour me faire enrager.

LE CHEVALIER.

J'en aurai le plaisir. Ah ! bon, c'est Ladi Stéele.
(*avec dépit.*)
Je vous en félicite, & vous laisse avec elle. (*Il sort.*)

SCENE V.

MISS ADELSON, LADI STÉELE.

MISS.

Que je vous sais bon gré de cet air satisfait !
C'est qu'il vous sied si bien ! Ainsi Londres vous plaît ?
Nos fêtes, nos plaisirs ont passé votre attente ?
Oui, je lis dans vos yeux que votre ame est contente.

LADI.

Oh! je suis d'une joie & d'un ravissement!..
Londres, je vous l'avoue, est un séjour charmant.
Chaque objet à la fois m'intéresse & m'étonne;
Un autre esprit m'anime, un autre air m'environne.
Ici tout est riant, & la Ville & la Cour.
Sans trop m'effaroucher, j'entends parler d'amour.

MISS.

N'est-ce pas?

LADI.

Vous m'allez trouver bien ridicule :

Mais il faut que pourtant je vous dise un scrupule.
J'accourois pour cela.

MISS.

Quoi ?

LADI.

Par quelle raison
Dois-je taire en ces lieux mon état & mon nom ?

MISS, (*en riant.*)

Mais...

LADI.

La position me paroît assez neuve.

MISS, (*toujours gaîment.*)

Bon.

LADI.

Je suis mariée, & vous m'avez fait veuve.

MISS.

Avouez ; dans vos champs, vous périssiez d'ennui.

LADI.

Ah ! c'est assez l'usage auprès d'un vieux mari.
J'aime le mien pourtant, c'est un homme estimable :
Mais un Sage, entre nous, n'est jamais bien aimable.
Celui-ci, tout le jour le nez sur du latin,
Se couche de bonne heure, & se leve matin.
Il s'occupe à présent d'un projet qui l'enchante ;
Il le doit envoyer, & veut qu'on le présente.

MISS.

Hé bien, ai-je grand tort de vous garder ici ?
Chacun a ses projets.

LADI.

Le vôtre?

MISS.

Le voici.
Quand on aime les gens, quoi que l'envie en diſe,
Il n'eſt rien, convenez, dont le cœur ne s'aviſe.
Votre grave Halifax eſt, ſoit dit entre nous,
A ce que j'ai pu voir, un mari très-jaloux,
Et ſur le moindre bruit qu'ici vous pourriez faire,
Sans rien examiner, dans ſon humeur ſévere,
Il vous rappelleroit. Adieu l'enchantement,
Et ces larcins heureux de quelque bon moment,
Il faudroit nous quitter : mais, comme Ladi Stéele,
Impunément au moins vous pouvez être belle.
Ces motifs ſont pour vous ; j'en ai d'autres pour moi,
Car encor faut-il bien un peu ſonger à ſoi.
Oubliez quelques mois vos nœuds inſupportables ;
Laiſſez, laiſſez venir nos Lords, nos agréables ;
(*avec la plus grande gaîté.*)
Et ſi de quelqu'Amant le langage eſt trop doux,
Nous ſaurons au beſoin reſſuſciter l'époux.

LADI.

Oh ! je vois qu'à vous ſeule il faut que je me fie.
Quelle aimable gaîté ! combien je vous envie !
Elle peint l'innocence & le calme du cœur.

MISS.

Ce calme, chere amie, eſt ſouvent bien trompeur.

LADI.

LADI.

Qu'entends-je ? Pourſuivez ; vous pouvez tout me dire.

MISS.

Et moi-même de tout je voudrois vous inſtruire.

LADI.

Eh bien !

MISS.

Que diriez-vous ſi, ſous cet enjouement,
Je vous cachois l'effroi qui naît d'un ſentiment ;
Si, ne pouvant dompter un penchant qu'on doit taire,
J'avois l'ame captive avec l'air volontaire ;
Si d'un charme inconnu je me ſentois troubler ;
Si mes pleurs quelquefois étoient prêtes à couler ?

LADI.

Quel eſt donc ce mortel, auteur de vos alarmes ?
Quoi ! peut-on vous connoître & vous coûter des larmes ?

MISS.

La moitié de l'aveu vous dit tout mon ſecret.
Parler de mon amour, c'eſt en nommer l'objet.

LADI.

Le Chevalier ?

MISS.

Quel autre auroit pu me ſéduire ?

LADI.

Et quelle autre que vous a ſur lui plus d'empire ?
A tout il vous préfere, il le paroît du moins.

MISS.

Mon amour, ſans y croire, eſt flatté de ſes ſoins.

Vous ne connoissez pas, ma chere Ladi Stéele,
L'homme le plus aimable & le plus infidele.
Il préféra toujours, dans le fond de son cœur,
Quelques instans d'ivresse à des jours de bonheur.
Perdant celui qu'il a pour celui qu'il souhaite,
Il brise en se jouant l'idole qu'il s'est faite;
Et dans ses goûts légers, ne cherchant que l'éclat,
S'applaudit d'être aimé, dans l'espoir d'être ingrat.
D'ailleurs, plein d'agrément, d'esprit & de courage.

LADI, (*très-gaîment.*)

Il ne lui manque rien que d'être un peu plus sage.

MISS.

Tout dangereux qu'il est, se faisant adorer,
Il enchante l'objet qu'il va désespérer.
Jugez de mes efforts, jugez de mon martyre,
Lorsqu'en secret je tremble & me condamne à rire;
Lorsqu'en secret, livrée à des vœux pleins d'ardeur,
J'affecte devant lui le calme & la froideur!
Combien est-il vengé! Cette gêne éternelle
Rend ma flamme plus vive, & la rend plus cruelle.
Au printems de mes jours, j'ai peu de jours sereins;
Je combats & gémis, je desire & je crains.
Ses prodigalités ont détruit sa fortune,
Et la mienne sans lui me seroit importune.
Quel bonheur de lui plaire & de lui tout donner!
C'est un de ces mortels qu'on voudroit couronner.
Qu'il soit moins riche encor, & qu'il soit moins volage,
Maltraité par le sort, il me plaît davantage.

Je ſerai trop heureuſe en de ſi beaux liens :
Son cœur eſt un tréſor qui vaut ſeul tous les miens.

LADI.

Il eſt à vous.

MISS.

J'en doute.

LADI.

Et moi, j'en ſuis très-sûre.
Il aura de ſes goûts reconnu l'impoſture.
Juſqu'ici, je le vois, il eut l'art de charmer;
Il apprendra de vous comment il faut aimer.

MISS, (*après avoir regardé de tous côtés.*)

On pourroit employer un léger artifice.
Soyez ma confidente & ſoyez ma complice.

LADI.

Diſpoſez de mes ſoins, de mon zele ; ordonnez.

MISS.

Dites-moi bien avant que vous me pardonnez...
Je veux de ce volage éprouver la tendreſſe,
Et c'eſt pour cela même à vous que je m'adreſſe.

LADI.

A moi ? Voyons.

MISS.

Je crains.

LADI.

Vous n'avez qu'à parler.
Hé bien donc, avec lui qu'aurois-je à démêler ?

MISS.

Hé bien, pour rassurer une Amante inquiete,
Faites-vous avec lui l'effort d'être coquette :
D'éloges détournés semez votre entretien,
Risquez de ces aveux qui n'engagent à rien ;
Hazardez-vous enfin autant qu'on peut le faire,
Sans trop enorgueillir un espoir téméraire.
S'il résiste, il suffit : alors votre beauté
Deviendra le garant de ma tranquillité.

LADI.

Ah ! j'y suis ; & voilà le secret du veuvage.

MISS, (*en riant.*)

Ladi...

LADI.

Convenez-en, ceci veut du courage.
Le pas... est périlleux... Mais quoiqu'humilié,
Mon orgueil se taira, vaincu par l'amitié.
(*à Miss, qui rêve.*)
Qu'avez-vous donc encor ?

MISS.

Ciel ! si, plus vain que tendre,
Il tombe dans le piége où l'on veut le surprendre !
Mais ne m'épargnez pas, dites tout ce qu'il faut.
Hélas ! je meurs de peur qu'il ne vous prenne au mot.

LADI.

Rien de fait ; nous pouvons révoquer l'entreprise.

MISS.

Ladi, je vous regarde, & la crainte est permise.

LADI.

La crainte ? Ecoutez donc, si votre Chevalier...
Avec ces terreurs-là, vous m'allez effrayer...
On vient : c'est lui peut-être.

MISS.

O mon aimable amie !
C'est pour le juger mieux que je vous ai choisie.
Puissé-je après sans crainte adorer mon Amant !
Reprenons un dehors que tout mon cœur dément.

SCENE VI.

LES MÊMES, LE CHEVALIER.

LE CHEVALIER.

MESDAMES, pardonnez si je reviens si vîte.
D'une commission il faut que je m'acquitte.
J'ai trouvé chez le Roi le Ministre Arlington,
Plus digne que jamais, &, comme de raison,
Très-pensif ; de l'Etat pesant la destinée,
Il doit venir, dit-il, vous voir dans la journée.

MISS.

(à Ladi.)

Oh ! qu'il vienne, il le peut. C'est encore un Amant.

LE CHEVALIER.

Arlington !

MISS.

Veut ma main.

LE CHEVALIER, (*avec un dépit contraint.*)

Lui? Rien n'est si plaisant.

MISS.

Ni plus vrai.

LADI, (*à Miss à part.*)

Jouissez de son humeur jalouse.

LE CHEVALIER.

Rochester, Arlington... qui des deux vous épouse?

LADI, (*à Miss.*)

Et quel homme est-ce?

LE CHEVALIER, (*très-vivement..*)

Un sot, sans le moindre talent,
Bête quand il se tait, mais plus bête en parlant.

MISS.

Oui; mais pour ses desseins ne manquant pas d'adresse.
La Cour à notre hymen tout de bon s'intéresse.

LADI.

Je dis plus : il se peut (& pour lors qu'opposer?)
Que le Gouvernement vous force à l'épouser.

LE CHEVALIER.

Oh! cet hymen sans doute importe à l'Angleterre.

MISS.

Qu'avez-vous, Chevalier? La mine presqu'austere.
Je le vois, il me boude, il est triste aujourd'hui;
Et pour le consoler, je vous laisse avec lui.

(*Elles se font des signes.*)

SCENE VII.

LADI STÉELE, LE CHEVALIER.

LADI, (*à part.*)

Pour cet entretien-là, comment vais-je m'y prendre?
Il faut un air coquet, & non pas un air tendre.
N'allons pas m'embrouiller.

LE CHEVALIER.

Ladi voudroit rêver?

LADI.

(*à part.*)

Moi, point du tout : Ladi voudroit... vous éprouver ;
Reste à savoir comment.

LE CHEVALIER, (*d'un ton galant & gai.*)

Pour moi, je suis moins dupe :
J'oublie en vous voyant le souci qui m'occupe.
Tous les jours, où dans l'ombre ont langui vos attraits,
Sont autant de larcins qu'à ces lieux on a faits.
Vous nous appartenіez ; nos titres sont vos charmes.
La beauté regne ici, le goût lui rend les armes ;
Et vous pouvez choisir ce qui vous plaît le mieux,
Du plus aimable Amant, ou du plus amoureux.
Voyez, un bon caprice.

LADI.

(*à part.*)

Un caprice! ah! le traître!

Il eſt encourageant plus qu'il ne devroit l'être.
(*haut.*)
Eh! que diriez-vous, ſi...

LE CHEVALIER, (*ſe rapprochant.*)

Quoi? Parlez... entre nous...

LADI, (*en lui jettant des demi-regards.*)

Si l'on m'avoit réduite à ne rêver qu'à vous?
(*à part.*)
L'affaire eſt engagée.

LE CHEVALIER, (*d'un air triomphant.*)

A moi! puis-je le croire?
Un tel aveu, Ladi, met le comble à ma gloire.

LADI.

Je ſongeois à quel point Miſs vous a ſubjugué.
Vraiment... de ce ſoin-là j'ai l'eſprit intrigué.

LE CHEVALIER.

Eh! ſongez-vous auſſi combien Miſs eſt charmante?

LADI.

Oui... c'eſt l'être à vos yeux, que d'être indifférente.

LE CHEVALIER.

Indifférente!..

LADI.

Eh mais...

LE CHEVALIER, (*très-vivement.*)

Sauriez-vous?.. Quel ſoupçon!

LADI, (*à part.*)

Aſſez bien juſqu'ici: voyons s'il tiendra bon.

LE CHEVALIER.

Vous conviendrez au moins que j'ai pu m'y méprendre.
Chaque regard de Miſs annonce un cœur ſi tendre!

LADI.

Vous croyez au regard?

LE CHEVALIER.

Au ſien.

LADI.

Il peut tromper.

LE CHEVALIER.

Miſs!..

LADI, (*avec une impatience gaie.*)

Voudrez-vous enfin de moi vous occuper?

LE CHEVALIER, (*ſe rapprochant toujours.*)

Comment, je m'en occupe & commence à comprendre.

LADI, (*en riant.*)

Non. Je doute, entre nous, que vous puiſſiez m'entendre.

LE CHEVALIER.

J'entends vîte pourtant. A force d'exercer,
Je...

LADI.

Vous prenez un ton qui va m'embarraſſer.
Vous êtes ſi conſtant, & moi ſi peu coquette!

LE CHEVALIER.

Ah! c'eſt ce talent-là que votre cœur regrette?

LADI, (*en riant.*)

Vous ne devinez pas, non.

LE CHEVALIER.

Je fais plus ; je voi.
Miſs vous aura fait part de ſa haine pour moi ;
Vous me la confiez, & ma flamme trahie...
Mais comment vous offrir une ame aſſujettie ?
(*du ton le plus galant.*)
Sans cela, de vous plaire uniquement jaloux,
Pourrois-je rien aimer de plus charmant que vous ?

LADI.

(*à part.*)
Hai... Cette phraſe-là devient inquiétante.
Je crains...

LE CHEVALIER, (*à part.*)

L'occaſion eſt pourtant bien tentante !

LADI.

Parlez haut, s'il vous plaît.

LE CHEVALIER.

Qui peut donc vous troubler ?
C'eſt de vous ſeule ici qu'il faudroit vous parler.
J'en ai le droit ; je ſens... Pardonnez ; la cruelle
Combat juſqu'au dépit qui peut me venger d'elle.
Je me mutine en vain contre ſon aſcendant ;
Elle en devient plus gaie, & j'en ſuis plus ardent.
Son caprice ſouvent me pique & m'humilie ;
Sa grace me ramene, & nous réconcilie :
Je l'adore & la hais ; je m'éloigne & reviens ;
Je trouve un charme unique à tous ſes entretiens.

Courroux, froideur, caprice, à tout je me résigne.
L'inconstance m'a plu, mais je n'en suis plus digne;
Et je l'avoue enfin à ma confusion,
Mon malheur me condamne à n'aimer qu'Adelson.

LADI, (*à part & en riant.*)

Je crois qu'assurément j'en suis pour mes avances.
(*haut.*)
Le plaisant tête-à-tête! il est sans conséquences,
Je vous en avertis; oui, Monsieur, apprenez
Qu'on vous en veut bien moins que vous n'imaginez.

(*Elle sort.*)

SCENE VIII.

LE CHEVALIER, (*seul.*)

L'OBJET le plus piquant me tombe à l'improviste;
On m'attaque, on s'explique, & c'est moi qui résiste!
Hé bien, l'exemple est rare. Adelson à son gré,
Vous a fait, Chevalier, un cœur très-timoré.
D'honneur, j'en suis honteux: de moi que dira Stéele?
Il falloit feindre au moins d'oublier Miss pour elle.
Mon innocence a craint de hazarder cela.
C'est le Ciel qui vouloit m'offrir ce moyen-là.
Où donc ai-je eu l'esprit! Oh! treve à ces scrupules,
Qui ne sont bons à rien, & qui sont ridicules.
Trompons, puisqu'il le faut, c'est-là le grand secret.
Est-ce ma faute à moi, si c'est par-là qu'on plaît?

Miss se vante & jouit de son indifférence ;
Moi, par Rochester même assurons ma vengeance.
Oui, que de Stéele enfin il me croie amoureux,
Et qu'en voulant leur nuire il seconde mes feux !
Je veux dans mes projets, moins timide & plus stable,
Lui confiant le faux, qu'il serve au véritable.
Ah ! lorsqu'on n'obtient pas un facile retour,
La ruse qui fait vaincre est permise à l'amour.

Fin du premier Acte.

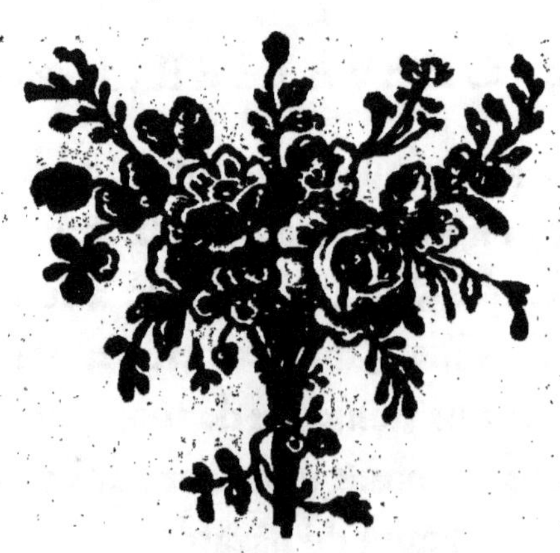

ACTE II.

SCENE PREMIERE.

MISS ET LADI.

MISS.

Jusques à ce moment, d'oisifs environnée,
Captive dans un cercle, & très-importunée,
Je n'ai pu vous rejoindre, & vous vous doutez bien;
Que, répondant à tout, je n'étois plus à rien.
Voici l'instant fatal : à quoi faut-il m'attendre?
Quel est mon sort? Je crains & brûle de l'apprendre.

LADI, (*affectant un air consterné.*)

Ma chere Miss!

MISS.

Ah! Dieu!

LADI.

Le doute bien souvent
Epargne des chagrins, & je n'ose...

MISS.

Comment?
Vous vous taisez en vain... je vous entends, cruelle!
Il ne tiendroit qu'à vous de le rendre infidele.

LADI, (*avec la plus grande vivacité.*)

Non, livrez-vous ſans crainte au penchant qui vous plaît;
La ruſe a réuſſi, le triomphe eſt complet.
Les piéges, les aſſauts de ma coquetterie
Ont échoué tout net... Oh! ſans plaiſanterie,
(*en riant.*)
Le Chevalier vous aime avec une rigueur!..
A toute autre que vous il a fermé ſon cœur.

MISS, (*riant.*)

Ne me trompez-vous point?

LADI.

Bon! il falloit l'entendre.

MISS.

Oui?

LADI.

C'eſt en homme épris qu'il a ſu ſe défendre;
Et l'épreuve un peu folle où j'oſai m'engager,
N'a pas mis une fois ſa conſtance en danger.
Quel homme inacceſſible!

MISS.

Ah! que je vous embraſſe!
Avouez qu'on n'a point plus d'eſprit, plus de grace?

LADI.

Plus de fidélité?

MISS.

Pour cacher le projet,
Vous avez employé l'adreſſe qu'il falloit?

LADI.

L'adresse ! l'instinct seul nous apprend à séduire;
D'après la circonstance il a su tout conduire.

MISS.

Il falloit hazarder des regards.

LADI.

Je l'ai fait.

MISS.

Et de ces petits mots qui font un grand effet...

LADI.

Oh ! pour les petits mots, j'en ai dit plus de mille.

MISS.

Eh bien ?

LADI.

Toujours farouche & toujours indocile.

MISS.

Il falloit lui montrer le plus tendre intérêt,
Peindre dans vos discours un désordre secret...

LADI.

Il falloit, il falloit... treve à vos exigeances :
Vous me meneriez loin avec mes complaisances.

MISS.

Tenez, je m'en doutois, & je l'aurois gagé,
Avec ces craintes-là, vous l'aurez ménagé.

LADI.

Pareille incertitude est trop insupportable :
On est plus confiante alors qu'on est aimable.

On aime, on se rassure, on ne fait point d'essais,
Sur-tout pour n'y pas croire après les avoir faits.

MISS.

Hé bien, j'y crois; pardon. A vous je m'abandonne.

LADI.

Quand tout doit vous calmer, votre frayeur m'étonne.

MISS.

Il ne vous a rien dit qui...

LADI.

Rien absolument,
Si ce n'est quelque injure.

MISS.

Allons, il est charmant.

LADI.

Je vous suis obligée.

MISS, (*dans l'ivresse de la joie.*)

Et moi donc, je vous jure...

LADI.

Paix: voici Rochester, plongé dans la lecture.

(*On apperçoit Rochester, un papier à la main; Miss & Ladi se retirent sur un des côtés du Théâtre; Rochester approche sans faire semblant de les voir.*)

SCENE

SCENE II.

MISS, LADI, ROCHESTER.

ROCHESTER, (*à part.*)

MA très-aimable Miss, votre esprit si discret
Devoit au Viceroi cacher votre secret.
Il m'a dit le vrai nom de votre Ladi Stéele,
Et, sa dupe un moment, je veux me venger d'elle.
(*en riant.*)
Ah! Madame Halifax!

MISS.

Eh quoi! c'est vous, Milord?

ROCHESTER, (*en jouant la surprise.*)

Mesdames!

MISS.

Qui peut donc vous occuper si fort?

ROCHESTER.

Moi? Le projet plaisant d'un fou mélancolique,
Philosophe des champs, & bavard très-comique.

LADI, (*du ton le plus gai.*)

Ce projet si plaisant, quel en est donc l'Auteur?

ROCHESTER.

C'est Milord Halifax, très-grand Législateur.

LADI.

(*à part à Miss.*) (*haut à Rochester.*)
Miss... qu'entends-je? Halifax est, dit-on, respectable.

ROCHESTER.

C'eſt un original tout-à-fait vénérable,
Qui fonde ce qu'il dit ſur ce qu'il a rêvé,
Diſpute à perdre haleine, & croit avoir prouvé.
Pour comble de raiſon, ou plutôt de folie,
Il vient de ſe pourvoir d'une Miſs très-jolie,
Qu'il a priſe pour femme, & qu'en jaloux expert,
Notre ours tient renfermée au fond de ſon déſert.
Ce travers, je le vois, a de quoi vous confondre.
Patience! un beau jour nous le tiendrons à Londre;
Et nous pourrons, pendant ſes loiſirs importans,
Près de ſa jeune épouſe employer les inſtans.

MISS, (*à Ladi.*)

Ne vous trahiſſez pas.

LADI.

Comment faire?

MISS.

Courage.

LADI.

Mais, Milord, on prétend que ſon épouſe eſt ſage?

ROCHESTER.

Oui, ſage!.. eût-on d'ailleurs un cœur très-aguerri,
Comment s'en faire honneur avec un tel mari?
(*en confidence à Ladi.*)
Oh! pareille ſageſſe eſt bien aventurée:
Elle lui revaudra; la choſe eſt avérée,
Et déjà...

LADI, (*l'interrompant.*)

Son projet, peut-on le présenter ?
Est-il fait de façon qu'on le puisse adopter ?

ROCHESTER.

Oh! très-fait pour cela, car il est ridicule.

LADI, (*vivement.*)

Eh bien! chargez-vous en.

ROCHESTER.

Moi?

LADI.

Comment? quel scrupule?

ROCHESTER.

Daignez m'en dispenser.

MISS.

Eh! par quelle raison?
Je vais à son refus en charger Arlington.

LADI, (*à Rochester.*)

Halifax sait vraiment placer ses préférences...

ROCHESTER, (*toujours confidemment à Ladi.*)

Sa prose & son hymen sont deux extravagances.

MISS, (*à un Valet qui entre.*)

Quoi?

SCENE IV.

LES MÊMES, UN VALET.

LE VALET.

MILORD Arlington. (*Il ſort.*)

ROCHESTER, (*à Miſs & à Ladi.*)

Çà, diſpoſez-le bien,
Et vous pourrez agir d'après cet entretien.

SCENE V.

LES MÊMES, ARLINGTON, *ſuivi de deux Domeſtiques qui le ſoutiennent; ſa parure doit être ridicule & ſurannée.*)

ARLINGTON, (*faiſant ſigne à ſes gens de ſe retirer, & s'approchant myſtérieuſement de Miſs.*)

AVANT que de partir, Miſs, j'ai voulu moi-même...
Vous m'entendez ?..

MISS, (*embarraſſée.*)

Mais... oui...

ROCHESTER, (*à Miſs.*)

Sa prudence eſt extrême !

ARLINGTON, (*à Rocheſter.*)

Songez...

ROCHESTER.

Oh! pas le mot : rien n'eſt plus important.

ARLINGTON.

Je ſuis *incognito.*

ROCHESTER.

Comme on eſt en partant.

ARLINGTON, (*appercevant Ladi.*)

Quel eſt ce minois-là?

ROCHESTER.

C'eſt une découverte.

ARLINGTON.

La petite perſonne a le coup-d'œil alerte.

(*à Miſs en ſe rapprochant.*)

Vous ſentez qu'avec moi j'emporte mon amour.

LADI.

Et l'amour qui voyage eſt plus vif au retour.

ROCHESTER.

L'hymen ſuivra?

ARLINGTON, (*ſe retournant vers Miſs, & lui prenant la main.*)

Je crois ſi bien à ſa tendreſſe,

Que je ne veux pas même exiger ſa promeſſe.

MISS.

Aſſeyez-vous, Milord; vous paroiſſez troublé.

LADI.

Autant que je puis voir, Milord eſt eſſoufflé.

ARLINGTON.

Je le suis volontiers.

(*Il s'assied; tout le monde prend place, excepté Rochester, qui parcourt le cercle.*)

LADI.

Sans peine, on peut vous croire.

(*à Miss.*)

Il me lorgne.

MISS.

Tant mieux.

LADI.

Parlons-lui du mémoire.

MISS.

(*à Ladi.*) (*à Arlington, après un silence.*)

Je n'ose. Comment vont les affaires?

ARLINGTON.

Très-bien.

(*encore un silence.*)

MISS.

De la Cour, à présent, que dit le Peuple?

ARLINGTON.

Rien.

LADI.

Bon! (*autre silence.*)

ROCHESTER, (*reprenant.*)

A-t-on de l'Ecosse assoupi les querelles?

ARLINGTON.

J'attends les Paquebots.

ROCHESTER.

On saura les nouvelles.

(*encore un silence.*)

LADI.

Les révoltes d'Irlande?..

ARLINGTON.

On y remédiera.

ROCHESTER.

Quant aux nouveaux impôts?..

ARLINGTON, (*un peu déconcerté.*)

Un Bill y pourvoira.

ROCHESTER.

Sublime expédient! La Nation conteste,
La Chambre haute opine, & le Bill fait le reste.
Vous auriez dû, Milord, pour mieux en imposer,
Vous montrer aux mutins.

ARLINGTON.

Eh! si donc, m'exposer!
Ne faut-il pas qu'au fort d'une crise pareille
L'Etat ait toujours là quelqu'un qui le conseille?

ROCHESTER.

Ah! c'est qu'en ce moment, où j'y vois tout brouillé,
J'oubliois que par vous il étoit conseillé.

(*nouveau silence.*)

MISS.

Les troubles ont gagné même les Colonies.

ARLINGTON, (*étonné.*)

Hem!

LADI, (*le tirant par sa manche.*)

Les divisions ?..

ROCHESTER.

Doivent être finies.

ARLINGTON, (*à Rochester.*)

Elle est très-familiere au moins ?

ROCHESTER.

Sans contredit.

MISS, (*poussant Ladi.*)

Curieuse à l'excès !

ARLINGTON.

Aussi n'ai-je rien dit.

Du vague, tant qu'on veut.

ROCHESTER, (*à Miss & à Ladi.*)

Cela doit vous confondre.

ARLINGTON.

Un silence expressif, & j'ai l'air de répondre.

LADI, (*à Miss.*)

Le mémoire.

MISS.

Voilà que le rire me prend.

LADI.

Moi, Miss, si vous riez, je vais en faire autant.

ROCHESTER.

Milord, votre départ fait un tort manifeste.

Où donc?..

ARLINGTON.

Je vais aux eaux, pour emporter le reste

De mon ſpléen, qui ne peut durer encor long-temps,
Car, l'obſtiné qu'il eſt, me tient depuis vingt ans.

LADI.

Oh! ce petit mal-là n'eſt d'aucune importance.

ARLINGTON.

Il m'étrangle par fois.

LADI.

Oui, mais ſans conſéquence,
Sans nulle ſuite.

ARLINGTON, (*hochant la tête.*)

Ah! ah!

ROCHESTER, (*à Ladi, qui éclate.*)

Qu'avez-vous donc, Ladi?

LADI.

Moi! c'eſt une vapeur.

MISS.

Moi, c'en eſt une auſſi...

ROCHESTER, (*à Arlington.*)

Un tour de Buckingham eſt ce qui les occupe.

ARLINGTON.

Oui dà! ce pauvre Duc eſt-il toujours bien dupe?

ROCHESTER.

Vous le trouvez borné?

LADI, (*recommençant à rire.*)

Pardon, Milord!

MISS, (*riant de toute ſa force.*)

Pardon!

ARLINGTON, (*se levant.*)

Ce tour est donc bien gai ?

LADI, (*éclatant.*)

C'est...

MISS.

Que Milord est bon.

(*à Arlington, & riant plus fort.*)

Faites rendre un Edit, c'est moi qui vous en prie,
Qui défende de rire, en mourût-on d'envie.

ARLINGTON.

Je remets prudemment ma visite à ce soir.

MISS.

On tâchera, Milord, de vous mieux recevoir.

ARLINGTON.

Je m'en flatte... entre nous, pareille extravagance...

ROCHESTER.

N'est pas de bon augure au moment d'une absence.

ARLINGTON.

Ce Milord Buckingham fait d'étranges effets !

(*à Rochester.*)

Je sors... très-mécontent de leurs ris indiscrets.

SCENE VI.

MISS, LADI, ROCHESTER.

ROCHESTER.

Mesdames, j'étois prêt à quitter la partie.
Votre auguste Arlington renferme sa furie;
Je le vois, vous avez, saufs vos autres talens,
Un merveilleux secret pour disposer les gens.

LADI.

Le mémoire est bien loin.

MISS.

Nous avons ri; qu'y faire?

ROCHESTER, (*gaîment.*)

Solliciter ainsi n'est pas très-ordinaire.
(*à Miss.*)
A propos, savez-vous ?.. Tout succede à mes vœux;
Me voilà rassuré sur un rival fâcheux.

MISS, (*gaîment.*)

Qui donc?

ROCHESTER.

Le Chevalier. Grace à son inconstance,
Il s'est enfin lassé d'aimer sans espérance.
(*regardant Ladi.*)
Par une autre que vous, le voilà retenu.

MISS.

(*cachant son trouble.*)

Eh! mais il a bien fait... Ladi, qu'ai-je entendu?

LADI, (*à Miss.*)

N'en croyez pas un mot; il ment.

MISS, (*à Rochester, avec une gaîté contrainte.*)

Le nom de celle

Qui captive ses vœux?

LADI.

Qui le rend infidele?

ROCHESTER.

Souffrez qu'on soit discret sur ce chapitre-là.

LADI.

A qui donc venez-vous débiter tout cela?

ROCHESTER.

Mais à vous-même, à vous..

LADI.

L'idée est singuliere.

A moi qui, Dieu merci, peux jurer du contraire.

MISS, (*observant Ladi.*)

Oh! ne jurons de rien.

ROCHESTER.

Je vous rends des aveux

Faits dans le même instant.

MISS, (*à part.*)

Ciel!

ROCHESTER.

Par lui, sous mes yeux.

Il m'a même prié, conjuré de lui faire
Une espece d'Eclogue, où l'ombre du mystere
Ingénieusement déguise ses amours,
Et voile des secrets qu'on devine toujours.
Quant à sa belle, elle a, si je sais m'y connoître,
Un faux air très-piquant d'innocence champêtre...

LADI, (*à part.*)

Ce cruel Rochester brouillera tout ici.
(*haut à Rochester.*)
Çà, voyons : parlez net, je l'exige.

ROCHESTER.

Voici
Ce Héros, ce Vainqueur fameux par sa constance !

LADI, (*à Miss en riant.*)

Mon orgueil est piqué, je dois fuir sa présence.

ROCHESTER.

Comme il est triomphant !

LADI.

Comme il a l'air serein !
(*à Miss.*) (*à Rochester.*)
Adieu... Milord me suit?

MISS, (*à Rochester, avec impatience.*)

Mais donnez donc la main.

(*Rochester hésite, regarde Miss & le Chevalier, va retrouver Ladi, & sort avec elle.*)

SCENE VII.

MISS, LE CHEVALIER.

MISS, (*affectant l'air le plus enjoué.*)

A la fin, vous voilà comme il faut toujours être.
Ce changement soudain, quels motifs l'ont fait naître?

LE CHEVALIER, (*d'un air libre & serein.*)

Et les réflexions, & les événemens,
En un jour quelquefois changent les sentimens.
Je reviens de la Cour; elle étoit fort billante.
Un concours de beautés, une pompe galante.
Le Roi viendra ce soir; j'aurai bien des jaloux!
L'appareil est pour lui, mais la fête est pour vous.
(*après un moment de silence.*)
On a beaucoup parlé de votre jeune amie;
Tout le monde s'accorde à la trouver jolie.

MISS, (*l'observant.*)

Excepté vous?

LE CHEVALIER.

Pourquoi?.. Sur son air, ses appas,
En vérité, j'ai cru qu'on ne finiroit pas.

MISS, (*gaîment.*)

Hé bien, vous auriez dû, ne fût-ce que par zele,
Placer là votre mot.

LE CHEVALIER.

Comment? M'occuper d'elle?
Vous l'auriez desiré?..

MISS.

Moi? Beaucoup, j'en conviens.
Ses triomphes, Monsieur, sont devenus les miens.
Voyez; c'est dans mon sexe un courage exemplaire!
Mais vous, de vos froideurs quel est donc le mystere?
Quoi! de tant d'agrémens être si peu touché!
Je souffre de vous voir un air si détaché.
J'aurois cru que Ladi, belle, à la fleur de l'âge,
Citée avec éclat, vous plairoit davantage.
N'acceptant pas vos vœux, j'aimerois fort, je croi,
A vous savoir heureux... par une autre que moi...
Là, consultez-vous bien; peut-être que votre ame
Renferme, à votre insçu, quelque naissante flâme,
Qui, pour peu qu'on l'aidât, est prête d'éclater,
Et dont, pour me punir, vous pourriez profiter.

LE CHEVALIER.

Et si j'en profitois, vous en seriez ravie.
Rien n'est plus généreux, je vous en remercie.

MISS.

Ne pouvant vous aimer, il est juste qu'au moins
De la tendre amitié je vous offre les soins.

LE CHEVALIER.

De l'amitié? C'est-là le prix qu'on me destine?
Il faut donc que sur Stéele à fond je m'examine.
Vous m'y faites penser... En effet, que sait-on?..

Je vais plus que jamais y faire attention.
Ce ſont de ces minois ſur qui l'œil ſe repoſe.
On eſt toujours ſurpris d'y trouver quelque choſe
Que l'on n'avoit pas vu, qu'on aime malgré ſoi :
C'eſt ce charme qui pique, on ne ſait pas pourquoi ;
Ce... . . . .

MISS.

Continuez donc.

LE CHEVALIER.

Si telle eſt votre envie...

MISS, (*avec plus de gaîté encore.*)

Ah! ſi vous attendez que je vous contrarie,
Votre eſpoir eſt trompé ; vous prévenez mes vœux :
Vous l'entendre louer eſt tout ce que j'en veux.

LE CHEVALIER.

Hé bien, ſoyez contente ; on peut vous ſatisfaire,
Et même, avec des ſoins, réuſſir à lui plaire.

MISS.

Quand je vous le diſois... Je dois même augurer
Que vous avez déjà des raiſons d'eſpérer.
J'en ſuis sûre à préſent ; j'en crois un tel ſourire...
(*en riant.*)
Vous verrez que c'eſt elle... Allons, il faut le dire,
Puiſque que j'ai deviné...

LE CHEVALIER.

Mais... ſuffit. Je me tais.

MISS.

Les gens très-amoureux ſont toujours indiſcrets.

Oh!

Oh ! je vois ce que c'est ; vous voudriez connoître
Si c'est de bonne foi... vous en doutez peut-être ?
Stéele est un peu coquette, avouez...

LE CHEVALIER.

Non vraiment.
Elle a l'art de parler très-naturellement.
De la coquetterie avec un air si tendre !

MISS.

Ainsi donc votre cœur ne peut plus s'y méprendre ?

LE CHEVALIER.

Je crois qu'en m'y fixant, j'obtiendrois, entre nous,
Qu'elle ne me vît pas des mêmes yeux que vous.
Mais un événement fait que mon cœur balance.

MISS.

De quoi s'agit-il donc ?

LE CHEVALIER.

De mon rappel en France.

MISS.

(*à part.*) (*haut.*)
Votre rappel ? Ah ! Dieu ! Quand l'avez-vous reçu ?

LE CHEVALIER.

Aujourd'hui, ce matin ; le Roi l'a déjà vu.

MISS, (*se remettant de son émotion.*)
Ce départ est pour vous une triste nouvelle ;
Eh ! comment l'accorder avec vos soins pour Stéele ?
(*Un Valet apporte un Billet à Miss.*)
(MISS, *après avoir lu.*)
Des vers de Rochester !

LE CHEVALIER.

. . . . . . Bien amoureux, bien doux!

MISS.

Tenez, s'ils sont pour moi, l'apostille est pour vous.
(*lisant.*)
« Ma muse au Chevalier est tant soit peu rebelle;
» J'ai fait pour vous les vers qu'il demandoit pour Stéele ».
(*s'efforçant pour rire.*)
Rochester est charmant... Ah! vous m'allez montrer
Ceux que Ladi sans doute a su vous inspirer.

LE CHEVALIER.

Ladi, car c'est en vain que j'en ferois mystere,
Les inspire encore mieux que je ne sais les faire.
La muse de Milord est alerte à rimer;
Moi, pour chanter mes feux, je sais trop bien aimer.
Plein des plus tendres soins, en secret je préfere
A l'orgueil d'en parler, le plaisir de les taire.
Je suis bien revenu de l'éclat & du bruit.
La vanité triomphe, & l'amour seul jouit.
Quels que soient, en un mot, mes sentimens pour Stéele...
(*à un mouvement d'impatience de Miss.*)
Mais je vous importune, & je vole auprès d'elle.
(*Il sort.*)

SCENE VIII.

MISS, (*seule & avec la plus grande sensibilité.*)

QU'AI-JE vu? Qu'ai-je fait? Ai-je assez enduré?
On me trahit !.. Il l'aime... il en est adoré!
Rochester le savoit... Stéele, parjure amie!
Je l'accuse, & pourtant mon cœur la justifie.
Mais, dans le doute affreux qui me vient agiter,
Si je dois la haïr, j'aime mieux l'éviter.
(*après avoir rêvé un instant.*)
L'amitié de ce trait est-elle bien capable?..
Ah! quand l'amour le veut, elle est bientôt coupable.
A quoi pensois-je aussi d'éprouver mon Amant?
La triste certitude ajoute à mon tourment.
Je le vois; le plus sûr, avec une ame ingrate,
Est toujours de garder le bandeau qui nous flatte.
D'une erreur qui lui plaît se laissant occuper,
Hélas!.. heureux le cœur qu'on peut encor tromper!

Fin du second Acte.

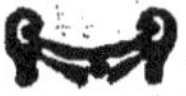

ACTE III.

SCENE PREMIERE.

MILORD ARLINGTON, ROCHESTER.

ARLINGTON.

Je venois revoir Miſs.

ROCHESTER.

Et Miſs n'eſt pas viſible!

ARLINGTON, (*en confidence.*)

La ſcene de tantôt fut très-repréhenſible,
Et, comme mille fois l'événement prouva
Qu'on ne ſait ce qu'on tient avec ces eſprits-là,
Avant de la quitter, je veux qu'elle s'engage.
Je viens de rédiger...

ROCHESTER.

Un plan de mariage?

ARLINGTON.

Oui. Projet, garantie.

ROCHESTER.

Un bon arrangement,
Qui ſtipule vos droits & d'Epoux & d'Amant.
Sage précaution! moi, je vous la conſeille.

ARLINGTON.

J'ai prévenu l'avis: le Roi ſigne.

ROCHESTER.

A merveille!
Il ne faut pas souffrir qu'on échappe à vos vœux.
Je ne suis pas surpris de vous voir amoureux;
Car Miss est, j'en conviens, d'une humeur très-heureuse,
Fine, spirituelle... un peu trop sérieuse.

ARLINGTON.

Sérieuse! ma foi, je n'ai point vu cela;
Et je ne conviens point qu'elle brille par-là.

ROCHESTER.

Non? J'en crois votre goût.

ARLINGTON.

Pour le goût, je m'en pique.

ROCHESTER.

Vous avez en parlant certaine grace antique...
Sur-tout l'art d'embrouiller certaines vérités;
Oui; c'est sur vos pareils en quoi vous l'emportez.

ARLINGTON.

Vous connoissez vos gens.

ROCHESTER.

J'en viendrai là peut-être.
Au défaut de génie, il faut bien s'y connoître.
Depuis que vous veillez sur le Gouvernement,
Comme tout, par vos soins, est mené lestement!

ARLINGTON.

Cela va.

ROCHESTER.

Vous vexez le Peuple un peu. Qu'y faire?
La Cour s'en trouve bien, & c'est la grande affaire.

ARLINGTON.

On ne s'apperçoit pas que les fonds soient baissés.

ROCHESTER.

Forte opération!

ARLINGTON.

Oui.

ROCHESTER, (*après une pause.*)

Vous rajeunissez!

ARLINGTON.

Oh! j'ai de tems en tems des crises diaboliques.

ROCHESTER.

Les penseurs sont toujours plus ou moins asthmatiques.

ARLINGTON.

C'est un inconvénient.

ROCHESTER.

Quelques mois de repos
Répareront le mal que vous font vos travaux.

ARLINGTON.

Je laisse un Résident qui sous ma main s'éleve.

ROCHESTER, (*à part.*)

Juste Ciel! par le Maître, on peut juger l'Eleve.

ARLINGTON.

Vous approuvez cela?

ROCHESTER.

Moi? Je vous en réponds.
Il doit aller bien loin, aidé par vos leçons.

ARLINGTON.

Oh! par moi la machine est si bien combinée,
Que je l'ai mis au fait en une matinée.

ROCHESTER.

Et c'est?

ARLINGTON.

Le gros Berford, ici très-renommé.

ROCHESTER.

Oui, Citoyen suspect, mais Convive estimé.
Diable, c'est un bon choix...

SCENE II.

LES MÊMES, *un des Gens d'Arlington.*

LE VALET, (*mystérieusement.*)

Les Couriers vous demandent.

ARLINGTON, (*d'un air discret.*)

C'est assez; je vous suis: qu'un moment ils attendent.

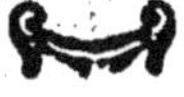

SCENE III.

ARLINGTON, ROCHESTER.

ARLINGTON.

Ah! Monsieur, quels détails! Hé bien, malgré cela,
Chacun est à sa place, & le travail est là.
Mais, comme enfin du faîte il faut par fois descendre,
Et qu'un génie ardent n'exclut point un cœur tendre,
Servez-moi près de Miss; faites-lui bien sentir
Tout le prix d'un hymen où j'ai pu consentir;
Etant ambitieuse, elle ne peut mieux faire.
(*regardant si personne n'écoute.*)
Je lui révélerai l'esprit du Ministere,
Et, comme par l'adresse on fait tout à la Cour,
Elle pourra fort bien gouverner à son tour.
Hem! Vous suivez le fil?

ROCHESTER.

Je ne l'atteins qu'à peine.
Combien de résultats! L'un dans l'autre s'enchaîne,
Et l'on s'y perd au moins; mais je vous servirai;
Près de Miss, à coup-sûr, je vous seconderai.

ARLINGTON, (*lui prenant la main.*)
Tâchez... c'est que... suffit...

ROCHESTER.

La réussite est sûre.

ARLINGTON.

On m'attend, je vous quitte, & reviens pour conclure.
(*Il sort, rencontre Ladi, & se sauve en la voyant.*)

SCENE IV.

LADI, ROCHESTER.

LADI, (*effrayée à l'aspect d'Arlington.*)

DIEU ! moi qui cherchois Miss ! encor cet Arlington ?

ROCHESTER.

En propre original.

LADI.

Eh ! que dit-il de bon ?

ROCHESTER.

De bon ? Oh ! rien du tout. Çà, sans plus de mystere,
A notre Chevalier vous avez donc su plaire ?

LADI.

Moi, lui plaire ! il s'en faut, & je ne pense pas...

ROCHESTER, (*l'observant avec malignité.*)

Il est décidément enchaîné sur vos pas.
Vous l'aimez, il vous aime ; il a su m'en instruire.

LADI, (*en riant.*)

Lui ? Voilà donc tantôt ce que vous vouliez dire ?
Vous m'impatientez.

ROCHESTER.

Je ne sais pas pourquoi.
Une veuve peut bien disposer de sa foi.

LADI, (*très-gaîment.*)

Je n'en dispose point : je n'ai pu le séduire,
Et mon cœur sur le sien n'a pas le moindre empire.

ROCHESTER.

Bon?

LADI.

L'on ne peut, je crois, me disputer cela;
J'ai des convictions sur cet article-là.

ROCHESTER.

Ah Ciel! de lui vraiment je vous croyois éprise;
Sans cela, rangs, honneurs, mon ame enfin soumise
Vous auroit tout offert.

LADI.

Et mon cœur trop flatté,
Réduit aux seuls regrets, n'auroit rien accepté.

ROCHESTER.

Eh! par quelle raison?

LADI.

Oh! pour une misere.

ROCHESTER.

Je m'en doutois, un rien.

LADI.

Mais un rien qu'il faut taire.

ROCHESTER.

A moi qui vous estime & vous juge autrement
Que Madame Halifax, que vous défendiez tant!
Une franche étourdie, &c...

LADI, (*à part, & toujours avec gaîté.*)

Chaque mot m'irrite,
Et je vois qu'il est temps qu'Halifax ressuscite.

ROCHESTER.

Ce que je vous dis là, je l'ai pensé vingt fois;
Et tout veut, songez-y, que vous fassiez un choix.
Avec cet air piquant, cet aimable sourire.

LADI.

Poursuivez, je me sauve.

ROCHESTER.

Eh! non, je me retire.
Le Chevalier vous cherche, & je m'apperçois bien
Qu'il ne faut pas troubler un si doux entretien.

SCENE V.

LADI, LE CHEVALIER, ROCHESTER.

LE CHEVALIER, (*à Rochester.*)

Vos vers sont fort touchans, je vous en félicite.

ROCHESTER.

A votre tour, Monsieur; quand on doit on s'acquitte.
Tout vous sert, & Madame a beau se déguiser,
(*avec un air caustique.*)
De son cœur, pour vous seul, elle va disposer.

(*Il sort.*)

SCENE VI.

LADI, LE CHEVALIER.

LADI.

Qu'est-ce donc? Dites-moi... Rochester est unique!
Très-indiscretement sur nous deux il s'explique.
Comment? Il tient de vous, si du moins je l'en croi,
Que, détaché de Miss, vous l'oubliez pour moi.

LE CHEVALIER, (*d'un ton libre & gai.*)

Je viens le prendre au mot.

LADI.

Qui? Vous? Quelle apparence?
Vous avez fait tantôt la plus belle défense!
Peut-être aussi gagnai-je à la réflexion.
Ainsi donc, Rochester...

LE CHEVALIER.

Rochester a raison.
Tout m'éloigne de Miss, tout veut que j'y renonce.
Mon bonheur en dépend; c'est lui seul qui prononce,
Et, si quelque regret peut encor me troubler,
J'offre à la plus sensible un cœur à consoler.

LADI.

Vous verrez que c'est moi qui suis la plus sensible!
Vous voilà donc enfin un peu moins inflexible?
(*s'éloignant du Chevalier.*)
Aime-t-il toujours Miss, ou veut-il la trahir?

Est-ce dépit, ou non? Je dois m'en éclaircir;
Oui, l'amitié le veut.

LE CHEVALIER, (*se rapprochant.*)

Quoi! Craignez-vous ma vue?..
Ah! mon amour tantôt vous a trop entendue.
Il faut que je vous aime indispensablement.
Me conseillant vous-même un autre attachement,
Vous m'avez plaint, pressé... Que dis-je? En ma présence
Des soupirs ont pour moi fini la confidence.
Je les prends comme aveux, & crois, sans me flatter,
En les prenant ainsi, les bien interpréter.

LADI, (*en baissant les yeux.*)

Quoi! Si par un retour...

LE CHEVALIER, (*très-vivement.*)

Non, non, vous voilà prise,
L'attaque vint de vous, la revanche est permise.

LADI, (*en riant.*)

La revanche? Un moment.

LE CHEVALIER, (*très-gaîment.*)

Eh! mais, c'est tout au plus.
Les momens sont si chers, & j'en ai tant perdus!

LADI, (*après avoir rêvé un instant.*)

Il faut donc, comme vous, être franche & sincere.
Mes yeux vous ont trop dit combien vous savez plaire,
Et de les démentir je n'ai plus le pouvoir.
Reste à concilier l'amour & le devoir.

(*en l'observant.*)

Et l'hymen seul...

LE CHEVALIER, (*avec l'air du plus grand embarras.*)

Sans doute... oui... soit... je vous épouse.

LADI.

J'y compte.

LE CHEVALIER.

Oh! Miss, je crois, en sera bien jalouse!
Et...

LADI.

(*à part.*) (*haut.*)
Bon! il l'aime encor. Toujours Miss!

LE CHEVALIER.

C'en est fait,
Et je vais, grace à vous, l'oublier tout-à-fait.
Si j'en parle, ce n'est qu'avec indifférence.

LADI.

Oui?..

LE CHEVALIER.

Rire, en apprenant qu'on me rappelle en France!
Me vanter Rochester, se plaire à m'outrager!
Que j'aurai de plaisir à pouvoir m'en venger!

LADI.

A votre place, moi, calme dès l'instant même...

LE CHEVALIER, (*de l'air le plus agité.*)

Je le suis... Allez-vous croire encor que je l'aime?

LADI.

De cette trahison vous soupçonner! qui? Moi?
Ne me venez-vous pas d'engager votre foi?

Oui ; mais écoutez donc : léger comme vous l'êtes,
Puis-je ici me fier aux fermens que vous faites ?
Vous m'aimez, n'eſt-ce pas ?.. J'y crois... Hé bien, faiſons,
Là... pour ma ſûreté, quelques conditions.
Il faut, lorſqu'on épouſe une femme eſtimable,
Unir une ame vraie au ton d'un homme aimable,
Serrer avec délice un lien adoré,
Et rendre heureux l'objet que l'on a préféré ;
Se faire de ce ſoin une agréable étude,
S'y fixer par amour, & non par habitude,
Soumettre au ſentiment les volages deſirs,
Et par la confiance enchaîner les plaiſirs.

LE CHEVALIER.

Eh ! vraiment, ce bonheur dont vous tracez l'image,
Si j'euſſe épouſé Miſs, eût été mon partage,
Et ſans peine à ce plan mon cœur ſera ſoumis.
Cent fois, ſongeant à Miſs, je me l'étois promis,
Je m'étois dit cent fois que le plaiſir ſuprême
Eſt de paſſer ſes jours dans la chaîne qu'on aime,
D'y conſerver ces ſoins, cet intérêt flatteur,
Qui prolonge le charme, & prévient la froideur.
Oui, trop heureux qui fixe ainſi ſa deſtinée,
Qui, ſous les douces loix d'un riant hymenée,
A l'art de mettre à tout le prix d'une faveur,
Par celui d'une épouſe affermit ſon bonheur,
N'oſe en exiger rien, qu'au gré de ſon ivreſſe,
D'égards ingénieux entretient ſa tendreſſe,
Et, ménageant enfin juſqu'à ſa vanité,

Par le calme du cœur ajoute à sa beauté!
Tel fut mon vœu pour Miss. Plein d'une ardeur nouvelle,
Je crois digne de vous un cœur... formé pour elle.
Vous y pouvez compter.

LADI.

Mais je l'espere bien,
Et mon amour jaloux ne vous passera rien.
(*en l'observant.*)
Ainsi donc, si j'en crois tant de délicatesse,
Votre ame, en s'engageant, va tenir sa promesse?
Dans un nœud légitime, & doux, quoiqu'innocent,
Heureux de captiver un être intéressant,
Vous allez pour lui seul réserver votre hommage;
Chacun de vos succès deviendra son ouvrage,
Et vous nous prouverez que l'on peut, sans ennui,
Aimer encor demain ce qui plaît aujourd'hui.

LE CHEVALIER, (*avec transport.*)

Justement; & ce bien, dont l'espoir me flatte,
Doublera, s'il peut être envié par l'ingrate.

LADI.

Fort bien! c'est le dépit qui seul vous fait la loi;
Vous ne songez qu'à Miss, je le sens, je le voi.
Si Miss vous eût aimé...

LE CHEVALIER.

Pardon. C'est trop le taire.
J'éprouve, à son nom seul, un trouble involontaire.
Ladi, par cet aveu, qui vous surprend, je croi,

Je

Je perds en un moment, vous, ma vengeance, & moi;
Mais n'importe, il m'échappe. En vous voyant ſi belle,
Je devrois la haïr... je la hais, la cruelle!
N'en doutez pas... mais trop, je ne puis le nier,
Pour en aimer une autre, & trop pour l'oublier.

LADI.

Ce tranſport eſt charmant! vous m'en voyez ravie.
Vous êtes digne enfin du cœur de mon amie!
Reprenez, s'il vous plaît, vos premiers ſentimens.
(*en riant.*)
Monſieur, je romps nos nœuds, je vous rends vos ſermens.
Le ſeul bonheur de Miſs fut l'objet de mon zele;
Le traité que j'ai fait, mon cœur l'a fait pour elle.
Vous le tiendrez.

LE CHEVALIER.

Comment? Vous ſavez qu'Adelſon...

LADI.

Vous déteſte?

LE CHEVALIER.

A peu-près.

LADI.

Eh! ſi je ſais que non?

LE CHEVALIER.

Qui? Vous? Dites, parlez, calmez une ame ardente.
D'un ſecret qui me touche, êtes-vous confidente?

LADI, (*après avoir héſité quelques inſtans.*)

Ah! Miſs aſſez long-temps a fait languir vos feux,

Et vous désabuser, c'est vous servir tous deux.
Quand j'ai paru rêver, vous chercher, & vous plaindre...

LE CHEVALIER.

Hé bien ?

LADI.

C'est Adelson qui m'obligeoit à feindre.
Enfin... à vos rigueurs elle a pu m'exposer !
Et moi, j'ai consenti pour la tranquilliser...
C'est trop, je n'y tiens plus ; oui, sachez de moi-même,
Que je n'y suis pour rien, mais qu'Adelson vous aime.

LE CHEVALIER.

Ciel ! veillai-je ? Elle m'aime.

LADI.

Oui, son cœur est à vous,
Et de vous l'annoncer, le mien étoit jaloux.

LE CHEVALIER, (*transporté de joie.*)

Ladi, chere Ladi !.. (*Miss paroît.*)

SCENE VII.

MISS, ARLINGTON, ROCHESTER, LADI, LE CHEVALIER.

LE CHEVALIER, (*se précipitant aux genoux de Miss.*)

Que vois-je ? Dieu ! c'est elle !
Se peut-il ?.. Dois-je croire à ce que m'a dit Stéele ?

Vous doutiez de mon cœur!.. Ah! tout de vous me plaît.
J'aimois jusqu'aux tourmens dont vous étiez l'objet.

MISS.

Quel langage! Comment? Puis-je croire?

LE CHEVALIER.

Oui, sans doute.

MISS, (*enchantée.*)

Quoi?

LADI.

M'en veut-on encor?

MISS.

Je ne sais... je redoute...

LE CHEVALIER.

Quoi donc? L'ardent amour qui m'attache à vos pas.

MISS, (*très-vivement.*)

Stéele sait...

LADI.

J'ai tout dit.

MISS, (*en regardant tour à tour Stéele & le Chevalier.*)

Je ne l'en dédis pas.

(*Il lui baise la main avec transport.*)

ROCHESTER, (*en riant de la surprise d'Arlington.*)

(*à Miss.*)

Souffrez-nous pour témoins. Je commence à comprendre
Qu'au don de votre main je ne dois plus prétendre.

ARLINGTON, (*à Rochester.*)

Et mon projet d'hymen!

ROCHESTER.

Devient hors de propos.

ARLINGTON.

Je n'ai plus, je le vois...

LADI.

Qu'à partir pour les eaux.

ARLINGTON, (*regardant tout le monde d'un air ſtupéfait.*)

Je pars...

ROCHESTER, (*le reconduiſant.*)

Bon jour, Milord, tâchez de vous diſtraire,
Et ſoignez une tête utile à l'Angleterre.

SCENE DERNIERE.

LES MÊMES, *excepté* ARLINGTON.

ROCHESTER, (*au Chevalier.*)

Les plaintes, n'eſt-ce pas, ſeroient hors de ſaiſon?

LE CHEVALIER, (*en riant.*)

Je vous avois promis d'épouſer Adelſon.

ROCHESTER.

Ah! vous commencez donc à tenir vos promeſſes?
Par bonheur, il me reſte où placer mes tendreſſes.
Apparemment Ladi ne refuſera pas...

LADI.

Eh! mon Dieu, ſi, Milord.

ROCHESTER.

Fort bien, autre embarras !
Stéele, en dépit de tout, craint de se voir liée ?

LADI.

Non ; Stéele ne craint rien, mais Stéele... est mariée.

LE CHEVALIER.

Comment ?

ROCHESTER.

Je le savois. D'Ormond m'avoit tout dit.

LADI, (*gaîment.*)

Vous avez, en ce cas, le plus méchant esprit !

ROCHESTER.

Dès qu'on me trompe, moi, je n'ai plus d'indulgence.

LE CHEVALIER.

Votre Rival, Milord, vous offre une vengeance.
Dites qu'à mille erreurs trop long-temps engagé,
Il connut Adelson, & qu'il fut corrigé.

FIN.

APPROBATION.

J'AI lu, par ordre de M. le Lieutenant-Général de Police, *le Chevalier François à Londres*, *Comédie en trois Actes*, & je n'y ai rien trouvé qui m'ait paru devoir en empêcher la représentation ni l'impression. A Paris, le 18 Novembre 1778. SUARD.

Vu l'Approbation, permis de représenter & imprimer. A Paris, ce 18 Novembre 1778. LENOIR.

47

www.ingramcontent.com/pod-product-compliance
Lightning Source LLC
LaVergne TN
LVHW010620110826
845149LV00003B/991